DER BODEN UNTER BERLIN
Text von Mátyás Dunajcsik für die Bilder von Plinio Avila.

THE GROUND UNDER BERLIN
Text by Mátyás Dunajcsik for the drawings by Plinio Avila

BAJO TIERRA BERLINESA
Texto de Mátyás Dunajcsik para los dibujos de Plinio Avila

BERLIN ALATT A FÖLD
Dunajcsik Mátyás szövege Plinio Avila rajzaihoz

Am Tag, an dem ich meinen Vater verlor, kam der Anruf ziemlich früh.

The day I lost my father, the call came relatively early.

El día que perdí a mi padre la llamada llegó relativamente temprano.

Aznap, amikor elvesztettem apámat, aránylag korán jött a hívás.

Eine trockene Stimme ließ mich amtlich mitfühlend wissen, er habe sich in der Nacht zuvor angezogen, das Krankenhaus unbemerkt verlassen und sei auf dem Weg zur U-Bahn von einem Pkw überfahren worden.

A dry voice, full of official compassion, announced that the night before he had dressed and left the hospital unnoticed, and got hit by a car on his way to the underground.

Una voz seca llena de compasión oficial fue la que anunció que la noche anterior mi padre se vistió y salió del hospital sin que nadie se diera cuenta, y que, mientras caminaba hacia el metro, un coche lo atropelló.

Egy száraz, hivatalos részvéttel teli hang jelentette be, hogy előző este felöltözött, észrevétlenül elhagyta a kórházat, és a metró felé menet elütötték.

Zweck und Ziel des Ausgangs erschienen ebenso unverständlich wie die Art und Weise, wie er aus dem Gebäude hatte gelangen können, ohne nach seinen Absichten befragt zu werden, doch sein unauffälliges Verschwinden überraschte mich nicht. Er war immer noch ein liebenswürdiger alter Mann, gerade unscheinbar genug, um für zugehörig gehalten zu werden, für jemanden, der genau weiß, was er tut und wer er ist.

They had no idea where he was going or how he could have got out of the building without anyone asking, but his invisibility was no surprise to me. He was still a charming old man, with just about enough insignificance to make you think he belongs to the place, that he knows perfectly what he's doing and who he is.

No tenían idea de hacia dónde se dirigía o cómo pudo salir del edificio sin que causara preguntas pero su invisibilidad no me sorprendía. Seguía siendo un viejito encantador con la suficiente insignificancia para que cualquiera pensara que pertenecía a un lugar, que sabía qué estaba haciendo y quién era.

Senki sem tudta, hová indult, vagy hogyan juthatott ki az épületből anélkül, hogy bárki kérdőre vonta volna, engem azonban nem lepett meg, hogy ilyen láthatatlan tudott maradni. Apám még mindig elbűvölő öregúr volt, és épp annyira jelentéktelen, hogy az ember azt gondolja róla: oda tartozik, ahol éppen van, és tökéletesen tisztában van azzal is, hogy mit csinál és ki ő.

Doch war dies keineswegs der Fall, zumindest nicht mehr. Selbst die eigene Familie erkannte er nur ab und an.

But in fact he didn't, not anymore. Five times out of ten he didn't even recognize his own family.

Pero el hecho es que ya no lo sabía. Cinco de cada diez veces no reconocía ni a su familia.

Akkor is, ha ez már egyáltalán nem volt igaz. Tíz esetből ötször már a saját családtagjait sem ismerte fel.

Die einzige Erinnerung, die ihm blieb, eingegraben wie rasiermesserscharfe Linien in einen stählernen Druckstempel, war das Kartennetz der Berliner S- und U-Bahn.

The only thing that persisted in his memory, like the razor-sharp lines of an iron seal, was the network map of the Berlin S- and U-bahn system.

La única cosa que persistía en su memoria, como líneas afiladas de un sello metálico, era el mapa de la red del sistema de S- y U-bahn de Berlín, encima y debajo de la tierra.

Az egyetlen dolog, ami továbbra is sértetlenül megmaradt a fejében, akár egy acélpecsét borotvaéles körvonala, az a berlini U- és S-bahn-hálózat térképe volt.

Was Wunder: er hatte die Dinger sein Leben lang gefahren.

No wonder: he had driven those things all his life.

No era de extrañarse, había manejado esas cosas toda la vida.

Nem csoda, hiszen egész életében ezeket vezette.

Selbst während meiner letzten Besuche, als ein Gutteil des realen und grundlegenden Wissens ihm nicht mehr zugänglich war, fragte ich ihn nach dem Weg, wenn ich in die Stadt wollte.

Even during my last visits, when most of the real and basic information was already lost to him, it was nevertheless he whom I asked for directions if I had to go somewhere in the city.

Aún durante mis últimas visitas, cuando ya había perdido la mayor parte de la información básica, era a él a quien le pedía indicaciones cuando tenía que ir a algún lugar de la ciudad.

Az utolsó látogatásaimkor is, mikor a való világ információinak nagy része már elveszett számára, még mindig tőle kértem eligazítást, ha valahová mennem kellett a városban.

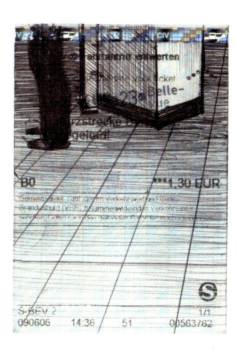

Er gab umfassende Auskunft über Haltestellen und Untergrundlinien, mit der unbeschwerten Hilfsbereitschaft eines älteren Herrn, der sich mit einem freundlichen fremden Mann unterhält.

He gave perfectly detailed instructions regarding metro stops and underground lines, with the light-hearted helpfulness of an elderly gentleman who talks to a likable complete stranger.

Me daba instrucciones perfectamente detalladas de las estaciones y líneas del metro con la despreocupada y sencilla amabilidad de un caballero mayor de edad que está hablando con un completo extraño que le cae bien.

Kifogástalan leírást adott minden csatlakozásról és megállóról, csak éppen úgy, ahogy a kedves öregurak szokták, ha egy rokonszenves idegenhez beszélnek.

Als das zum ersten Mal passierte, war ich derart verwirrt, dass ich vergaß, ihn beim Abschied "Vater" zu nennen. Erst gegen Ende meiner Fahrt nahm ich wahr, dass sämtliche seiner Anweisungen zutrafen.

The first time it happened, I was so puzzled by his attitude I forgot to call him "Father" when I said goodbye. Only at the end of my trip did I realize that all the instructions he gave me were correct.

La primera vez que sucedió estaba tan sorprendido por la actitud que tomó, que olvidé decirle "padre" al despedirme. Sólo al final de mi trayecto me percaté de que todas las instrucciones que me había dado eran correctas.

Az első alkalommal annyira megzavart ez a hanghordozás, hogy amikor elköszöntem, el is felejtettem apának szólítani. Csak az út végén jöttem rá, hogy minden instrukciója teljesen helytállónak bizonyult.

Was den öffentlichen Nahverkehr betraf, war er trotz seiner vor acht Jahren erfolgten Pensionierung durchaus auf dem Laufenden, denn nachdem er mit dem Lenken aufgehört hatte, pflegte er tagelange Fahrten unter der Stadt zu unternehmen, ohne zwischendurch die Straße zu betreten.

Despite having retired eight years ago, he was up-to-date in questions of public transport, because, ever since he had stopped driving, he had been making these day-long trips under the city, without ever stepping out on the streets.

A pesar de haberse jubilado ocho años antes estaba al tanto de los quevures del transporte público ya que, desde que dejó de manejar, hacía travesías que duraban el día entero debajo de la ciudad, sin siquiera poner un pie en la calle.

Bár nyolc éve nyugdíjba vonult már, mégis teljesen naprakész volt a tömegközlekedés tekintetében, mivel a visszavonulása után rendszeresen tett egész napos utazásokat a föld alatt, anélkül, hogy valamikor is az utcára lépett volna.

Vielleicht war er zu alt für einen richtigen Spaziergang.

Maybe because he was too old for a proper promenade.

Quizá porque era demasiado viejo para un paseo normal, apropiado.

Talán mert túl öreg volt már egy igazi sétához.

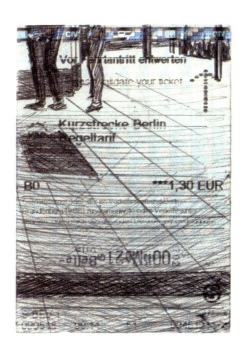

Unmittelbar nach dem Anruf machte ich mich auf den Weg, und als ich aus meiner verzweifelten Verwirrung wieder zu mir fand, war ich bereits in der U6, unterwegs zum Krankenhaus.

After that phone call, I immediately got myself ready, and the next time I awoke from my desperate confusion and astonishment, I was already on line U6 on my way to the hospital.

Tras la llamada me alisté, y la siguiente vez que desperté de la confusión desesperada y desconcierto que se ensalzaban en mí, ya estaba en la línea U6, camino al hospital.

A telefonhívás után azonnal összekészültem, és mire fölocsúdtam a hívás okozta kétségbeesett zavarból és megdöbbenésből, már az U6-os vonalon ültem, úton a kórház felé.

Aber als die Bahn langsam in die Friedrichstraße einfuhr, erkannte ich, dass ich noch nicht in der Lage war auszusteigen, um seine Leiche in kalter Unbeweglichkeit auf einem Stahlschragen präsentiert zu bekommen. Das wäre zu schnell, zu plötzlich gegangen.

But as my train slowly approached Friedrichstraße, I realized I was not able to get off yet, that I wasn't ready to see his body spread out in cold immobility on some steel table. It would have been too fast, too sudden.

Pero mientras el tren se acercaba lentamente a Friedrichstraße me di cuenta de que no me podría bajar aún, no estaba listo para ver su cuerpo acostado sobre una mesa de acero en fría inmovilidad. Hubiera sido demasiado intempestivo, demasiado repentino.

Ám ahogy a szerelvény lassan közelített a Friedrich utcai megállóhoz, rájöttem, hogy képtelen vagyok leszállni, és egyáltalán nem vagyok még felkészülve a látványra, ahogy a teste ott fekszik egy boncasztalon kiterítve, hidegen és mozdulatlanul. Minden olyan gyorsan és hirtelen történt.

Und so fuhr ich weiter, genau wie er in seinen letzten Jahren, ich ging irgendwie davon aus, dass er es tatsächlich in die U-Bahn geschafft hatte, wo ich ihn nur noch zu finden brauchte, in einem verstaubten Abteil zwischen zwei Stationen, fröhlich zum Fenster hinausschauend und die Menschen beobachtend wie der eigenwillige Engel im Wim-Wenders-Film. Nur dass er nie auf Gebäude zu klettern pflegte und nie ausstieg, es sei denn, um umzusteigen.

I preferred to just ride on, just as he did in his last years, assuming somehow that he really did make it to the underground, and now all I had to do was to find him there, somewhere in a dusty compartment between two stations, gaily looking out the window and at the people, like that quirky angel in the Wim Wenders movie. Except that he doesn't climb buildings and never gets off, or only to change lines.

Preferí seguir viajando, como él hacía en sus últimos años, pensando que de una u otra manera sí había llegado al metro y ahora lo único que tenía que hacer era encontrarlo ahí, en algún lugar, en algún compartimento polvoriento entre dos estaciones, viendo felizmente a las personas por la ventana, como el caprichoso ángel en la película de Wim Wenders, quitándole la capacidad de escalar edificios y añadiéndole el hecho de que nunca se baja, a menos que sea para cambiar de línea.

Szerettem volna még tovább utazni, ahogyan ő tette az utolsó években, mintha azt hinném, végül mégiscsak eljutott a metróig, és most nincs más dolgom, mint megtalálni őt, valahol egy koszos szerelvényben két megálló között, ahogy vidáman néz kifelé az ablakon, mint a flúgos angyalok Wim Wenders filmjében. Azzal a különbséggel persze, hogy ő sosem flangált a háztetőkön és nem is szállt le soha, legfeljebb ha épp csatlakozása volt.

Als ich ihn damals ins Kino mitnahm, mochte er den Film sehr, wenn er auch einwandte: "Du brauchst keine übersinnlichen Fähigkeiten, um in die Köpfe der Männer und Frauen zu blicken, die tagtäglich in diesen rollenden Blechkisten unterwegs sind: genug, dass sie alleine fahren, ohne jemanden, mit dem sie reden, für den sie eine Maske anlegen können. Dann nimmst du in ihren Gesichtern einen inneren Dialog wahr, einen unablässigen schwerfälligen Kampf zwischen ihnen und ihrem Leben, wobei der Sieger nur allzu oft feststeht."

When once I took him to the movies to see that film, he really liked it, but said: "You don't need any supernatural stuff to be able to look inside the heads of men and women traveling day to day in these rolling tin boxes: you just need to have them travel alone, having no one to talk to, no one to put on a mask for. What you see then on their faces is like an inner dialogue, a constant, numb struggle between them and their lives; and more often than not, it's quite obvious who's winning."

Cuando lo llevé al cine a ver esa película le gustó, pero dijo: "No necesitas nada sobrenatural para ver dentro de las cabezas de los hombres y mujeres que viajan todos los días en estas cajas de aluminio rodantes; sólo necesitas que viajen solos, que no tengan con quien hablar, nadie para quien ponerse una máscara. Lo que ves en ese momento en sus caras es como un diálogo interno, una lucha anonadada constante entre ellos y sus vidas, y lo más usual es que veas quién está ganando, es bastante obvio".

Mikor egyszer régen elvittem, hogy megnézzük a filmet, nagyon tetszett neki, de azt mondta: "Nem kell ahhoz semmi varázserő, hogy az ember nap mint nap belenézhessen az utasok fejébe, ahogy ezekben a guruló bádogdobozokban mennek a dolguk után: csak annyi kell, hogy egyedül utazzanak, ne legyen mellettük senki, akivel beszélgetnek, senki, aki előtt megjátsszák magukat. Ilyenkor mintha egy belső párbeszéd lenne az arcukra írva, egy szakadatlan, néma küzdelem, amit a saját életükkel vívnak; a legtöbbször pedig az is látható, hogy épp ki áll nyerésre."

Ich weiß nicht, was mein Gesicht diesbezüglich preisgegeben hätte, aber die anderen erschienen wie weggeblendet.

I have no idea what my face would have looked like from that perspective, but at the moment everybody else just seemed to fade away.

No tengo idea de cómo se vería mi cara desde esa perspectiva, pero en ese momento parecía que todos simplemente se desvanecían.

Fogalmam sincs, ebből a szempontból az én arcom hogyan festhetett ott a metróban, én mindenesetre alig vettem észre magam körül a többieket.

Während die Bahn langsam aus der Friedrichstraße fuhr, hatte ich die Empfindung, im Kopf meines Vaters nach seinen Spuren zu suchen.

As the train slowly pulled out of Friedrichstraße, I had a feeling that I was looking for the traces of my father inside his own head.

Mientras el tren salía lentamente de Friedrichstraße, sentía que estaba buscando los remanentes de mi padre dentro de su propia cabeza.

Ahogy a szerelvény lassan elhagyta a Friedrich utcát, egyszeriben úgy éreztem magam, mintha a saját fejében kutatnék apám nyomai után.

Jetzt hätte ich mir all die Ferngespräche zunutze machen können, mit denen er vor ein paar Jahren angefangen hatte, in denen er mir endlos über seine Fahrten durch die Stadt und unter der Stadt erzählte, darüber, was er heute und gestern auf der U-Bahnfahrt gesehen hatte, wie es um das Wetter stand und um den Himmel über Berlin - aber da war ich schon seit Jahren nicht in der Stadt gewesen und wusste größtenteils wirklich nicht, über welche kürzlich eröffneten Station, über welche verstopfte Kreuzung er mir Bericht erstattete.

Now would have been the time for me to make use of all those long-distance phone calls he started making a few years ago, where he would tell me endlessly about his journeys through and under the city, what he had seen on the metro that day and the day before, and how the weather was and the sky above Berlin – but I hadn't been to the city for ages then, and most of the times I didn't really know what recently opened station, what overcrowded junction he was talking about.

Ahora hubiera sido el momento de utilizar todas las llamadas de larga distancia que comenzó a hacer unos años atrás, cuando, con conversaciones interminables, me contaba de sus travesías a través y debajo de la ciudad, qué era lo que había visto en el metro ese día y el día anterior, y cómo estaba el clima y cómo se veía el cielo sobre Berlín. Pero en aquel momento llevaba años sin estar en la ciudad y la mayor parte de las veces no sabía de qué estación recién abierta o de qué entronque atiborrado de gente estaba hablando.

Most lett volna itt az ideje, hogy hasznosítsam mindazt, amit az utóbbi években szokásossá vált távolsági hívásai alatt mondott nekem, mikor vég nélkül mesélt a föld alatti utazásairól, hogy mit látott a metrón aznap és előző nap, hogy milyen volt az időjárás és milyen volt Berlin fölött az ég – de akkoriban már évek óta nem jártam a városban, és a legtöbbször azt sem tudtam, melyik újranyitott megállóról, melyik túlterhelt csomópontról beszél.

Ich hätte ihm sorgfältiger zuhören, nicht nur diese schwachen "Ja" und "Nein" murmeln sollen, die ich in die Sprechmuschel fallen ließ wie Kleingeld in eine Musikbox.

I should have listened to him more carefully, instead of dropping faint "yes"-es and "no"-s into the phone like small change into a slot machine.

Debería de haberlo escuchado con más atención en vez de insertar los ligeros "sí, ajá y no-es" en el teléfono, como si fueran cambio en una tragamonedas.

Jobban kellett volna figyelnem rá ahelyett, hogy időnként fásult "igen"-eket és "nem"-eket dobálok a telefonkagylóba, mintha érmékkel etetnék egy automatát.

Nicht dass er gerne gesprochen hätte oder in den Klang der eigenen Stimme verliebt war. Natürlich schwang in seinen Monologen eine gewisse Freude mit, aber die war keineswegs selbstbezogen, sondern ausschließlich auf mich gerichtet, auf die Person, um deretwillen er sich so anstrengte, der Tatsache geschuldet, dass er mich endlich erreicht hatte, dass wir uns beide austauschten, über die Entfernung, die Trennung und all die Jahre hinweg, in denen wir uns stetig auseinandergelebt hatten.

It's not that he liked to talk or loved to hear his own voice. Surely there was a certain kind of joy in his monologues, but this joy was dedicated not to himself, but to me, the person to whom these performances were addressed to, the fact that he had reached me at last, that we were both partaking now in a communion of voice, despite the distance, despite the separation and all those years during which we had been steadily growing apart.

La cosa no es que le gustara hablar o escuchar su propia voz. Seguramente había algún tipo de alegría dentro de sus monólogos, pero esta alegría no estaba dedicada hacia sí mismo, sino hacia mí, la persona para quien estaban dedicados y realizados los performances. El hecho de que finalmente me había localizado por el teléfono, que ambos estuviéramos participando en la comunión de la voz a pesar de la distancia, a pesar de la separación y todos los años en los que nos habíamos distanciado rítmicamente, de manera constante.

Nem mintha apám imádott volna beszélni, vagy rajongott volna a saját hangjáért. Ezek a monológjai persze teli voltak örömmel, ez az öröm azonban nem saját magának szólt, hanem nekem, aki az egész előadás címzettje voltam, és a ténynek, hogy végre sikerült elérnie, hogy végre együtt vagyunk jelen a beszélgetésben a távolság és mindazon évek ellenére, amelyek során lassan leváltunk egymásról.

Wie im tiefsten Ton der Orgel in gewissen frühen Stücken religiöser Musik oder im ständigen Rauschen des über die Schiene rollenden Rades, das jedes Gespräch zwischen Bahnreisenden begleitet, schwang in dieser sinnlosen Ansammlung logistischer und meteorologischer Daten ein düsterer *Basso Continuo* aus Kummer, Mahnung, Einsamkeit und Liebe mit.

Like the organ's lowest key in some early pieces of religious music, or the constant murmur of wheel touching rail which tacitly underlines every train traveller's conversation, this futile accumulation of logistical and meteorological nonsense that he poured onto me was also accompanied by a dark *basso continuo* of grief, exhortation, loneliness, and love.

Como la nota más grave del órgano en algunas piezas de música religiosa, o el murmullo constante de la rueda tocando el rail que delinea, contenida y tácitamente, toda conversación del viajero en tren, la acumulación fútil del sinsentido meteorológico y logístico que se vertía también sobre mí estaba acompañado por un oscuro *bajo continuo* de duelo, reflexión, soledad y amor.

Ahogy a régi, vallásos zeneműveket az orgona legmélyebb hangja, vagy a vonaton utazók beszélgetését a sínen futó acélkerekek szüntelen mormolása festi alá, apám meteorológiai és logisztikai fecsegésfolyamát is valami gyászból, unszolásból, magányból és szeretetből kikevert sötét *basso continuo* kísérte mindig.

Als ob man ständig zu einem Gespräch aufgefordert würde, während einem gerade das andauernde Flehen die Sprache verschlägt.

As if someone was constantly inviting you in a conversation, and this very same permanent pleading would be the thing that leaves you speechless.

Como si alguien estuviera invitándote dentro de una conversación de manera constante, y esa misma súplica permanente fuera aquello que te enmudece.

Mintha valaki folyton arra kérne, hogy csatlakozz egy beszélgetéshez, és pont ez a szüntelen könyörgés fojtaná beléd a szót végérvényesen.

Er äußerte sich nie in romantischem Sinne zu seinen Untergrundeskapaden, gönnte sich keine der Bemerkungen, die sich eine halbwegs künstlerisch erscheinen wollende Persönlichkeit niemals verkniffen hätte, wie etwa, dass er hinabstieg, um das wirkliche Gesicht der Stadt zu sehen.

He never said anything too romantic about his underground escapades, nothing that any one of the more artistic kind wouldn't be able to retain himself from, like, for instance, that it was the real face of the city he went down to see.

Nunca dijo nada demasiado romántico sobre sus aventuras bajo tierra, nada que alguna persona ligeramente más artística hubiera sido incapaz de deletrear para sí misma, como, por ejemplo, que era la verdadera cara de la ciudad la que bajaba a ver.

A föld alatti kalandjairól apám soha nem mondott semmi romantikusat, semmi olyat, amit egy művészlélek például semmiképp sem lett volna képes magában tartani, mondjuk, hogy azért jár inkább metróval, mert a város igazi arcát akarja megismerni.

Er meinte lediglich, dies sei der Blickpunkt, der ihm am meisten zusage.

He just said it was the one he preferred the most.

Simplemente decía que era la que él prefería.

Csak annyit mondott, hogy a városnak ez az arca az, ami a leginkább kedvére való.

"Wenn du alt wirst", hatte er mir einmal gesagt, "setzt du dich nicht wegen des Sonnenlichts oder der frischen Luft in den Park. Du tust es, weil du andere Leute sehen willst. Vor allem junge Leute. Und junge Leute fahren nicht mit dem Auto. Daher bin ich auf meiner Bank in der U-Bahn ganz glücklich und komme gut ohne die Sommerhitze zurecht."

"When you're old", he said to me once, "you don't sit in parks for the sunlight or the fresh air. You sit there to see other people. Young people, mostly. And young people don't drive. So I'm pretty happy on my bench on the metro too, and I'm fine without the summer heat."

"Cuando eres viejo" me dijo en algún momento, "no te sientas en los parques por la luz del sol o el aire fresco. Te sientas para ver a otras personas. Especialmente a personas jóvenes. Y las personas jóvenes no manejan. Así que estoy contento en la banca del metro, y me encuentro bien sin el calor del verano."

"Ha megöregszel", mondta valamikor, "már nem a napfény meg a friss levegő miatt üldögélsz naphosszat a parkban. Azért ülsz ki, hogy embereket láss. Főleg fiatal embereket. A fiatalok pedig nem autóval járnak. Szóval remekül elvagyok én a metrón is, a nyári hőség meg egyáltalán nem hiányzik."

Ich vergesse nur allzu gern, dass er einer Generation angehörte, die das Dasein im Untergrund gewöhnt war.

It is always so easy to forget that his was a generation extremely well accustomed to subterranean existence.

Siempre es fácil olvidar que su generación estaba muy acostumbrada a la existencia subterránea.

Olyan könnyű megfeledkezni róla, hogy az ő generációja mennyire hozzászokott már a föld alatti létezéshez.

1938 geboren, brachte er fast ebenso viel Zeit in Luftschutzkellern wie auf Spielplätzen zu. Vielleicht hat das seine spätere Beziehung zu Tunneln, Höhlungen und Kellern geprägt, es könnte sein.

Born in 1938, he spent nearly as much time in air-raid shelters as on the playground. Maybe it was at that time that he got definitely entangled with tunnels, basements and cellars, who knows.

Nacido en 1938, pasó tanto tiempo en refugios anti-bombas como en el parque. Quizá fue en ese momento cuando se enredó con los túneles, sótanos y bodegas, quién sabe.

Apám 1938-ben született, így legalább annyi időt töltött légvédelmi óvóhelyeken, mint a játszótéren. Talán akkor alakult ki ez a vonzódása az alagutakhoz, pincékhez és aluljárókhoz, ki tudja.

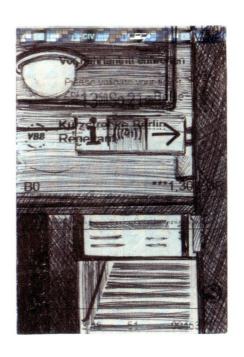

Wie wenig ich über seine Vergangenheit wusste, wurde mir vor wenigen Monaten klar, als er während einer seiner regelmäßigen Anrufe erzählte, wie er die S46 nach Tempelhof genommen habe, um die Flugzeuge zu beobachten.

My ignorance about his past life struck me most vividly a few months ago, when during one of his regular phone calls he told me he took the S46 for Tempelhof to see the planes.

Mi ignorancia sobre su vida pasada me pegó fuertemente hace un par de meses, cuando durante una de nuestras llamadas regulares me dijo que había tomado el S46 a Tempelhof para ver los aviones.

Hogy mennyire nem tudok semmit a régi életéről, az néhány hónappal ezelőtt derült ki igazán, mikor valamelyik szokásos telefonhívásakor azt mondta, kiment az S46-ossal Tempelhofig, megnézni a repülőgépeket.

"Ein wunderbarer Anblick", sagte er, "ein Flugzeug nach dem anderen startete, während eines nach dem anderen landete, wobei Süßigkeiten an kleinen Fallschirmen vom Himmel fielen."

"It was a most miraculous sight", he said, "every moment there was a plane taking off and another one landing, and candy bars on little parachutes fell from the sky."

"Era una visión milagrosa", dijo, "a cada momento ves a un avión despegar y a otro aterrizar, y dulces con pequeños paracaídas que caen del cielo."

"Egészen mesébeillő volt", mondta, "percenként szálltak föl és le a repülők, az égből pedig csokoládé hullott, apró ejtőernyőkre szerelve."

Zuerst dachte ich, er spaße oder werde verrückt. Dann erklärte mir ein älterer Freund, ein Psychiater, dass er wohl einfach sein Zeitgefühl verloren hatte und sich an die Berliner Luftbrücke von 1949 erinnerte, als er elf Jahre alt war; ein gewisser Mr. Gail Halvorsen warf damals tatsächlich Süßigkeiten an Miniatur-Fallschirmen für die Kinder am Boden ab.

First I thought he was joking or going mad. Then an older friend of mine, a psychiatrist, told me that he probably just lost track of time, and was remembering the Berlin Airlift of 1949, when he was eleven years old, and when a certain Mr. Gail Halvorsen really did drop candy bars on miniature parachutes for the kids below.

Primero pensé que estaba bromeando o que se había vuelto loco, pero un amigo mayor que yo, un siquiatra, me dijo que probablemente se le fue el tiempo y que recordaba el Airlift de Berlín de 1949, cuando tenía once años, cuando un tal señor Gail Halvorsen realmente soltó dulces en pequeños paracaídas para los niños que se encontraban abajo.

Először azt hittem, hogy viccel, vagy megőrült. Aztán egy idősebb barátom, egy pszichológus felvilágosított, hogy valószínűleg csak a saját idejében tévedhetett el, és éppen az 1949-es berlini légihídra emlékezik, amikor tizenegy éves volt, és egy bizonos Gail Halvorsen nevű pilóta tényleg miniatűr ejtőernyőkre szerelt csokoládéval bombázta a bámészkodó gyereksereget.

Einige Wochen später kam er ins Krankenhaus, wo man eine ernsthafte Erkrankung diagnostizierte. Von da an verdoppelten die unsichtbaren Flugzeuge von General Alzheimer ihre Bemühungen, seine Erinnerungen ins Nichts zu transportieren.

A week later he was hospitalized and diagnosed with a serious disease. From then on, every day the invisible planes of General Alzheimer doubled their efforts in transferring his memories to oblivion.

Una semana después fue hospitalizado y se le diagnosticó una enfermedad bastante grave. Desde desde ese momento, cada día los aviones invisibles del General Alzheimer doblaron sus esfuerzos para transferir sus memorias hacia el abandono.

Egy héttel később apámat kórházba szállították, és komoly betegséget diagnosztizáltak nála. Attól a naptól kezdve Alzheimer Tábornok repülőgépei egyre nagyobb és nagyobb erőbedobással szállították apám emlékeit a feledés felé.

Bis zu meiner Ankunft in Berlin rief ich ihn regelmäßig an, aber wir hielten uns vorsichtig an die wenigen gemeinsamen Erinnerungen aus frühen Tagen wie zum Beispiel ans erste Mal, als er mich zu einer Vergnügungsfahrt in den Führerstand mitgenommen hatte.

So until my arrival in Berlin, I called him regularly, but we cautiously stuck to our few common memories from the early days, like the first time he took me with himself in the driver's cabin for a ride.

Así que hasta que llegué a Berlín le marcaba de manera regular, pero, con precaución; nos apegábamos a las pocas memorias del pasado que teníamos en común, como la primera vez que me llevó consigo en la cabina del conductor para que diera una vuelta.

Így történt, hogy amíg meg nem érkeztem Berlinbe, bár rendszeresen hívtam, csak a legrégibb időkről beszélgettünk, például arról, amikor először vitt el magával metrót vezetni.

Ich war acht Jahre alt, und wir fuhren die ganze Strecke der U8 aus Wittenau. Uns beiden war durchaus feierlich zumute, als ob wir etwas wirklich Bedeutsames unternähmen.

I was eight years old, and we were driving the U8 all the way from Wittenau. We were both in a kind of celebrational awe, as if we were both engaged in some really serious business.

Tenía ocho años y estábamos manejando el U8 hasta las lejanías de Wittenau. Ambos nos encontrábamos en una especie de estupor celebratorio, como si estuviéramos metidos en un asunto muy serio.

Nyolc éves voltam akkor, és az U8-as metrót vezettük Wittenautól egészen a Hermann utcáig. Amikor beültünk a vezetőfülkébe, mindkettőnkön ünnepélyes feszengés vett erőt, mintha egy halálosan komoly küldetést teljesítenénk.

Natürlich war ich bereits mit der U-Bahn gefahren, aber den Tunnel direkt vor mir zu sehen, war eine ganz neue Erfahrung: ungehindert wahrgenommen, bestand er aus einer endlosen, undurchdringlichen Nacht, die schnell von unseren Scheinwerfern verzehrt wurde, sobald wir uns einer weiteren Lichtinsel näherten, um neue Passagiere aufzunehmen und die an ihr Ziel gelangten abzuladen.

Of course, I had travelled on the metro before, but seeing the tunnel right in front of me was something completely different: without any obstacle blocking my sight, it was only the vast thickness of night rapidly eaten away by our headlights, as we approached yet another and another island of light to pick up new passengers and unload the ones who had arrived at their destination.

Claro que había viajado en el metro antes, pero ver el túnel justo enfrente de mí, sin ningún obstáculo que bloqueara mi mirada, era algo completamente diferente. Sólo era el vasto espesor de la noche engullida por nuestros faros, velozmente, mientras nos acercábamos a una y otra isla de luz para recoger a nuevos pasajeros y dejar a los que habían llegado a su destino.

Persze utaztam már metrón korábban is, de magam előtt látni az egész alagutat teljesen más volt: semmi nem takarta el a kilátást, ahogy a reflektoraink szédítő sebességgel falták magukba a sűrű éjszakát, miközben egyre újabb és újabb fényszigeteknél álltunk meg, hogy fölvegyük az új utasokat, és kitegyük azokat, akik célhoz értek.

Ich glaube, zwischen Osloer Straße und Pankstraße, auf einer besonders langen Strecke zwischen zwei Haltestellen, habe ich zuerst zu schreien begonnen, erfüllt von einem kindlichen Amalgam aus Freude und Furcht, als ob ich auf einer Kirmes wäre.

I think it was between Osloer Straße and Pankstraße, a particularly long interval between two stops, that I first started to scream, filled with the inextricable joy and fear of childhood, just as if I were in an amusement park.

Creo que fue entre Osloer Straße y Pankstraße, un intervalo relativamente largo entre dos estaciones, cuando comencé a gritar, lleno de una alegría confundida con turbación de la niñez, justo como si hubiera estado en un parque de diversiones.

Azt hiszem, először az Osloer és Pank utca között, egy különösen hosszú alagútszakaszon kezdtem el sikítani, a gyermekkor minden zavaros félelmével és örömével, mintha csak egy vidámparkban lennék.

Aber bei den nächsten Haltestellen veränderte sich der Ausdruck meines Vaters. Als wir die Voltastraße erreicht hatten, verhärteten sich seine Züge, und als wir aus der Station fuhren, wies er mich an, auf dem Boden unter dem Steuerpult Platz zu nehmen und, gleichgültig wie langweilig oder neugierig mir zumute sein mochte, keinesfalls aus dem Fenster zu blicken.

But around the next few stops something changed in the expression of my father. By the time we got to Voltastraße his face hardened and as we pulled out of the station he ordered me to sit down on the floor under the control panel, and however bored or curious I may get, never look out the windows.

Pero en las siguientes paradas algo cambió en las facciones de mi padre. Cuando llegamos a Voltastraße su cara se endureció, y cuando salimos de la estación me ordenó sentarme en el piso debajo del panel de control, y que sin importar lo curioso o aburrido que estuviera, nunca viera fuera de las ventanas.

De a következő néhány megálló alatt valami megváltozott apámban. Amikor a Volta utcához értünk, az arca megkeményedett, és ahogy elhagytuk az állomást, megparancsolta, hogy üljek le a földre az irányítópult alá, és bármennyire is unom magam vagy furdal a kíváncsiság, semmiképpen se nézzek ki az ablakon.

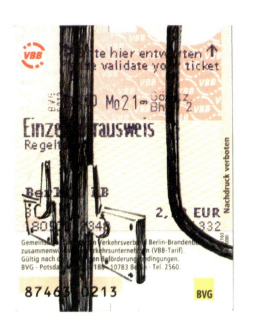

Wir näherten uns dem ersten der sechs Geisterbahnhöfe der U8.

We were approaching the first of the six ghost stations along the U8 underground line.

Nos estábamos acercando a la primera de las seis estaciones fantasmas que corren a lo largo de la línea U8 del metro.

Közeledtünk az U8-as vonal első kísértetállomása felé, amit még további öt követett.

Natürlich hatte ich bereits von den Geisterbahnhöfen gehört, als ich heimlich hinter der Wohnzimmertür lauschte, lange nachdem ich zu Bett geschickt worden war. Bis zur Fahrt mit meinem Vater hatte ich mir vorgestellt, dass an diesen Stationen die Toten auszusteigen pflegen und dass hinter der Mauer eine ganze Stadt verlorener Seelen existiere, in die ich manchmal während längerer Familienausflüge hineinblicken konnte.

Of course I had heard about the ghost stations before, but only when I was secretly eavesdropping behind the living room door long after I've been sent to bed. Up until that ride with my father I imagined that it's the dead people who get off at those stations, and that there is a whole city of lost souls behind the wall of which I sometimes got a glimpse during less cautious family excursions.

Por supuesto que había escuchado de las estaciones fantasmas antes, pero únicamente cuando estaba espiando, secretamente, atrás de la puerta de la sala mucho después de que me habían mandado a dormir. Hasta el momento de esa travesía con mi padre, me imaginaba que eran los muertos los que se bajaban en esas estaciones, y que había toda una ciudad de almas perdidas detrás del muro que a veces podía ver durante excursiones familiares menos precavidas.

Régebben is hallottam már a kísértetállomásokról, de csak amikor titokban hallgatóztam a nappali szoba ajtaja mögött, jóval lefekvés után. Egészen addig, amíg apám keresztül nem vitt rajtuk, azt hittem, hogy a halottak szállnak le itt, és hogy az elveszett lelkek egész várost építettek maguknak a fal mögött, amiből néha-néha elkaptam egy-egy részletet a kevésbé körültekintő családi séták során.

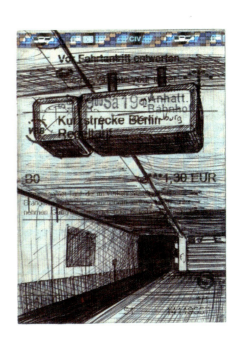

Als wir uns nun dem unbekannten und geheimnisvollen Gebiet näherten, hier verlangsamten, da beschleunigten, erzählte mir mein Vater, ohne mich je anzusehen, aber in der gleichen Stimmlage, die er für seine Gutenachtgeschichten gebrauchte, langsam und sorgfältig eine Geschichte von zwei Städten, von denen die eine innerlich frei, aber von Gefängnismauern umgeben war, während die andere keine Mauern aufwies, aber dennoch ein Gefängnis darstellte.

Now as we were crossing that unknown and mysterious territory, slowing down here, speeding up there, my father, without ever looking at me but desperately trying to keep that same tone of voice he used when telling me bedtime stories, slowly and meticulously told me the tale of two cities, one free inside but surrounded by prison walls, the other free of walls but being nonetheless a prison.

Ahora que estábamos cruzando aquel territorio misterioso y desconocido, desacelerando aquí, acelerando allá, mi padre, sin verme directamente ni una sola vez, intentando mantener el mismo tono de voz que usaba cuando me contaba historias antes de dormir, lenta y minuciosamente me contó la historia de dos ciudades; una era libre por dentro pero estaba rodeada de muros de prisión, la otra era libre de muros, sin embargo, era una prisión.

Most, ahogy épp ezen a titokzatos és ismeretlen területen haladtunk keresztül, itt-ott lelassítva, majd újból utazási sebességre váltva, apám anélkül, hogy egyszer is rám nézett volna, miközben kétségbeesetten próbálta megtartani az esti meséknél megszokott hanghordozást, szép lassan és részletesen elém tárta a két város történetét, az egyikét, ami bár szabad, börtönfalak veszik körül, és a másikét, ahol ugyan nincsenek falak, de mégis olyan, mintha börtön lenne.

Wir kamen nie mehr darauf zu sprechen, und als ein Jahr später einer meiner Schulkameraden bekanntgab, die Mauer sei gefallen, überfiel mich, ungeachtet aller Erklärungen meines Vaters, ein panischer Schrecken – die nagende Angst, dass nun alle Geister zu uns hinüberkommen könnten, um uns unsere Seelen zu rauben.

We never talked about that subject again, and one year later, despite all my father's explanations, when one of my schoolmates announced that the Wall had been torn down, a sudden impulse of terror came over me and whispered that now all the ghosts are coming over to our side to take our souls.

Nunca volvimos a hablar del tema, y un año después, a pesar de las explicaciones de mi padre, cuando uno de mis compañeros de la escuela anunció que el Muro había sido derribado, un impulso de terror me embargó y susurró que ahora todos los fantasmas iban a venir a nuestro lado para tomar nuestras almas.

Utána soha többé nem beszéltünk erről, egy évvel később viszont, mikor az egyik osztálytársam bejelentette, hogy a Falat lebontották, apám minden magyarázatától függetlenül jeges démon markolt a szívembe, és azt súgta, hogy a kísértetek most már mind átjöhetnek a mi oldalunkra, hogy a halhatatlan lelkeinket elrabolják.

Nach dem Fall der Mauer brauchte ich fast zehn Jahre, in denen ich den entzauberten Osten meiner Stadt Straße um Straße, Stadtteil um Stadtteil erforschte, um meine mystischen Wahnvorstellungen loszuwerden, um auf den Boden der Tatsachen zurückzufinden und die Wirklichkeit dieser einst zweigeteilten Stadt wahrzunehmen. Ich fuhr ständig all die früher geschlossenen Stationen der U8 und U6 ab, ebenso die der Nord-Süd-S-Bahnlinien, wobei ich mein Gesicht eng ans Fenster presste und unablässig ausstieg und einstieg.

After the Fall, it took me almost a decade, exploring the disenchanted East of my city street by street, neighborhood by neighborhood, to deconstruct my mythical lunacies and figure out the reality of this once divided capital. I went through all the formerly closed stations of the U8 and U6 lines, and the ones of the North-South S-bahn line too, over and over again, closely pressing my face to the windows, getting off, getting back, and all.

Tras la Caída, me tomó casi una década, al explorar el desencantado Este de mi ciudad calle por calle, vecindario por vecindario, para deconstruir las locuras míticas y entender la realidad de esta capital que estuvo dividida alguna vez. Pasé por todas las estaciones de las líneas U8 y U6 que alguna vez estuvieron cerradas, y las de la línea de S-Bahn de Norte-Sur, una y otra vez, presionando mi cara contra las ventanas, bajándome, subiéndome, una y otra vez.

A falomlás után majdnem tíz évembe tellett, hogy a varázs alól felszabadult város keleti részét utcáról utcára, kerületről kerületre felfedezve megszabaduljak ezektől a gyerekes tévhitektől, és valóban megismerjem az egykor ketté osztott város történetét. Újra és újra végigmentem az U8-as és az U6-os vonalak korábban lezárt állomásain, és az Észak-Déli S-bahn vonalán is, szorosan az üvegre tapasztva az arcomat, leszálltam, felszálltam, és így tovább.

Ich begriff sogar, dass es gerade seine Unauffälligkeit war, die meinen Vater für die heikle Fahrt durch die Geisterbahnhöfe prädestiniert hatte.

I even realized that it was because of this aura of inoffensiveness that they chose my father to assume the delicate mission of driving through ghost stations.

Hasta me di cuenta de que era por esa aura inofensiva por la que habían escogido a mi padre para la delicada misión de manejar a través de las estaciones fantasmales.

Közben arra is rájöttem, hogy pont ez a különös jelentéktelenség, ami apámat körbelengte, ez volt az oka annak, hogy annak idején épp őt bízták meg a kényes feladattal, hogy a metrókat a kísértetállomásokon végigvezesse.

In den nächsten zwei Monaten, die ich nach dem Tod meines Vaters in Berlin zubrachte, behielt ich die scheinbar endlosen U-Bahnfahrten bei, als ob sie ein Gegenstand oder ein Kleidungsstück wären, die ich von ihm geerbt hatte.

For the next two months I was spending in Berlin after my father's death, I kept this habit of seemingly endless metro rides, just as if it was some object or piece of cloth that I inherited from him.

Durante los siguientes dos meses que pasé en Berlín tras la muerte de mi padre, mantuve el hábito de las travesías interminables en metro, como si fuera un objeto o pedazo de tela que heredé de él.

Abban a két hónapban, amit apám halála után még Berlinben töltöttem, átvettem tőle a véget nem érő metróutak szokását, mintha ez is csak egy tárgy, vagy ruha lenne, amit tőle örököltem, és most én hordanám.

Natürlich gab es in all den unterschiedlichen Stadtteilen viel zu tun – und damit einen entsprechend guten Vorwand für die ständige Herumfahrerei.

Of course there was much to do in all the different parts of the city – it was a good excuse for all the travelling.

Por supuesto que había mucho que hacer en las distintas partes de la ciudad. Era una buena excusa para viajar tanto.

Mondjuk sok dolgom is volt a város legkülönbözőbb részeiben – ami remek ürügynek bizonyult a sok utazáshoz.

Es galt eine Beerdigung zu arrangieren, den ganzen nach einem Todesfall anstehenden Papierkram zu erledigen, zu entscheiden, was ich mit einer Wohnung und einem ebenfalls halb tot erscheinenden Universum von Gegenständen anstellen sollte.

Arranging a funeral, doing all the paperwork you need to do after a person who was deceased, figuring out what you will do with an apartment and a universe of objects which also seem to be half-dead, as if the one who passed away had taken them along half way into the unknown.

Organizar un funeral, hacer todo el papeleo que necesitas hacer cuando una persona fallece, resolver qué harás con un departamento y un universo de objetos que también parecen medio muertos, como si el que murió se los hubiera llevado a la mitad del camino hacia la incertidumbre.

Megszervezni a temetést, elvégezni az összes papírmunkát, amit egy haláleset von maga után, kitalálni, hogy mit kezd az ember egy olyan lakással és olyan tárgyak seregével, melyek maguk is félig halottnak látszanak, mintha az eltávozott őket is félig magával vitte volna az ismeretlenbe.

Wenn ich mich in der Wohnung meines Vaters aufhielt, kam ich mir im Grunde stets wie ein Eindringling vor, und dies war wohl ein weiterer Grund, warum ich so lange in der U-Bahn blieb.

Staying at my father's place, I always felt like an intruder of some sorts, and maybe that was another reason why I spent so much time on the metro.

Quedarme en el departamento de mi padre siempre me pareció un poco intrusivo, y quizás esa fue otra de las razones por las que pasé tanto tiempo en el metro.

Apám lakásában mindig afféle hívatlan behatolónak éreztem magam, és talán ez volt a másik ok, ami miatt annyi időt töltöttem a metrón.

In der Wohnung eines Toten kann einem sehr unbehaglich zumute werden, denn obwohl man den Eigentümer kennt – vielmehr kannte – gibt es niemanden, der einen hereinlässt. Man muss sich den Zugang, wie ein Einbrecher, stets selber verschaffen.

Being in a dead man's apartment can make you feel uncomfortable because although you know – or at least had known – the owner, there is never anyone to let you in. You always have to let yourself in, like burglars do.

Estar en el departamento de un hombre muerto te puede hacer sentir incómodo porque aunque conoces o solías conocer al dueño, nunca hay nadie que te abra. Siempre tienes que entrar solo, como un ladrón.

Egy halott lakásában lenni azért is kényelmetlen, mert bár ismered – vagy legalábbis ismerted – a tulajdonost, mégsincs ott soha senki, aki beengedjen. Magadat kell beengedned, ahogy a betörők teszik.

Alles was man nicht gefragt oder nicht gesagt hat, weil man dafür noch Zeit zu haben glaubte, wird nun zu fehlenden Seiten einer Geschichte, zum Inbild der Ignoranz dem eigenen Leben gegenüber.

All the things you didn't ask or tell because you thought you still have the time now become these blank pages of a story, like the monuments of your ignorance regarding your own life.

Todas las cosas que no preguntaste o dijiste porque pensaste que todavía tenías tiempo ahora se convierten en páginas en blanco de una historia, como los monumentos de tu ignorancia respecto a tu propia vida.

Minden, amit nem mondtál el vagy nem kérdeztél meg, most egy történet üres lapjává változik, megannyi emlékművé, melyek mind arról beszélnek, hogy mennyire idegen vagy a saját múltadban.

Als ich die Besitztümer und die Papiere meines Vaters durchging, stieß ich unvermittelt auf einen Gegenstand, der mir erneut das Herz brach, gerade als ich glaubte, seinen Tod bewältigt zu haben.

One day, when I was shuffling among my father's papers and possessions, I found something that broke my heart once again, just when I thought that finally I was able to come to terms with his death.

Un día, mientras revisaba, revolviendo los papeles y posesiones de mi padre, encontré algo que me volvió a romper el corazón justo cuando pensaba que ya había aceptado su muerte.

Az egyik nap, mikor apám dolgai és papírjai között turkáltam, találtam valamit, ami újra teljesen kikészített, pedig akkor már azt hittem, sikerült megbékélnem a halálával.

Ein altes illustriertes Album, das ihm einer seiner Kollegen nach einem Besuch auf der anderen Seite der Mauer mitgebracht hatte: für Erwachsene war es sowjetische Industriepropaganda, für ein Kind oder einen U-Bahn-Enthusiasten eine Schatztruhe traumhafter Phantasien: ein Bilderalbum der Moskauer Metro.

It was an old illustrated album, one that was brought for him by one of his colleagues after a visit to the other side of the Wall: a piece of Soviet industrial propaganda for an adult, but a treasure-chest of dreamlike images for a child or an underground enthusiast: it was a picture album of the Moscow Metro.

Era un álbum viejo, ilustrado, uno que le había traído uno de sus colegas tras visitar el otro lado del Muro; para un adulto era un pedazo de propaganda industrial soviética, pero para un niño, o un fanático del metro, era un baúl de tesoros de imágenes de ensueño: era un álbum de fotografías del Metro de Moscú.

Egy régi képes album volt az, amit valamikor az egyik kollégája hozott neki a Fal túloldaláról: egy felnőtt számára alig lehetett több némi szovjet ipari propaganda-anyagnál, de egy gyerek vagy egy megszállott metrórajongó számára igazi, álomképekkel teli kincsesláda volt: egy fényképalbum a moszkvai metróról.

"Die haben dort tatsächlich Kronleuchter in den Tunneln!", pflegte mein Vater mit fachmännischem Respekt zu bemerken. Das war das einzige von drüben, über das er ohne jegliche politische Missbilligung sprechen konnte.

"They actually have chandeliers there in the tunnels!", my father used to say, with a kind of professional admiration. That was the only thing from the other side of which he was able to talk about without any trace of political contempt.

"En verdad allá tienen candelabros en los túneles", decía mi padre con un poco de admiración profesional. Esa era la única cosa sobre el otro lado de la que podía hablar sin gota de desprecio político.

"El nem hiszed, de valódi csillárok vannak ott az alagutakban!", mondogatta apám a szakmabelieknek szóló elismerés hangján. Ez volt az egyetlen dolog a túloldalról, amiről úgy tudott beszélni, hogy a hangját nem színezte át a politikai megvetés.

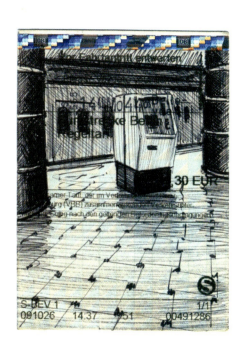

Vielleicht hatte die Vorstellung, Palästen, Opernhäusern und Museen zugehörige Einrichtungsgegenstände in die U-Bahn zu bringen, in ihm den lange vergessenen Traum wiedererweckt, ein Künstler zu werden, einen Traum, den er sich selbstverständlich nie erfüllt hatte.

Maybe this idea of bringing all the accessories of palaces, opera houses and museums into the Metro, woke in him his long-left-behind dream of becoming an artist, a dream which of course never materialized.

Tal vez la idea de llevar al metro todos los accesorios de palacios, casas de ópera y museos despertó en él su tan anhelado sueño dejado en la distancia del tiempo, el de volverse un artista, aquel sueño que no se materializó.

Lehet, hogy az az ötlet, hogy a metrót a paloták, operaházak és múzeumok díszleteivel rendezzék be, arra a régen elhagyott és soha meg nem valósult álmára emlékeztették őt, hogy egyszer majd belőle is művész legyen.

Manchmal glaube ich, dass ich dazu bestimmt war, diesen vergessenen Traum zu verwirklichen, als seine Reinkarnation, als sein Doppelgänger, als der, der er geworden wäre, hätte er dazu Gelegenheit gehabt.

Sometimes I think I became one to fulfill this forgotten dream of his, as to be a reincarnation, or a Doppelgänger of him, somebody who he would have become if he had had the opportunity.

A veces pienso que me volví en uno para completar sus sueños olvidados, una suerte de reencarnación o Doppelgänger suyo, alguien en quien él se hubiera convertido de haber tenido la oportunidad.

Néha azt gondolom, végül azért lettem festő, hogy valahogy megvalósítsam ezt az álmát, hogy a reinkarnációja, afféle Doppelgängere legyek, valaki, akivé ő is válhatott volna, ha megvan rá a lehetősége.

Das Album gehörte zu den wenigen Dingen, die eine gewisse Verbindung zwischen uns herstellten – was alles andere als einfach war, da wir uns im Laufe der Jahre immer fremder geworden waren.

That album was one of the very few things that would still establish a mild connection between us – not an easy task, since over the years we had become more and more distant.

Ese álbum fue una de las pocas cosas que todavía podía establecer una sutil conexión entre nosotros, no era algo fácil; a través de los años nos habíamos distanciado más y más.

Az album egyike volt azon kevés dolgoknak, melyek még képesek voltak valahogy összekötni minket – ami nem volt könnyű, mivel az évek során egyre jobban és jobban eltávolodtunk.

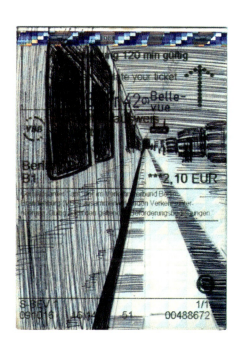

Am Tag, nachdem ich das Album fand, fing ich damit an, Skizzen der Berliner U-Bahn zu fertigen, wobei ich meine alten Karten als kleine Leinwände nutzte, um meine sentimentalen Fahrten unter der Stadt festzuhalten, die ich vor so langer Zeit verlassen hatte und nun aufs neue kennen lernen wollte, nicht anders als ich meinen Vater aus den Überbleibseln der von ihm hinterlassenen Erinnerungen und Objekte zu rekonstruieren versuchte.

It was the day after I found this album that I had the idea of making sketches of the Berlin metro, using my old tickets as miniature canvases to trace down my sentimental errands under this city I left so long ago, and which I was tempting to relearn now, just as I was trying to relearn my father from the scrap heap of memories and objects he left behind.

Fue el día después de que encontré este álbum que se me ocurrió hacer dibujos del metro de Berlín, usando mis viejos boletos como lienzos miniaturas en los que trazar mis pendientes sentimentales bajo la ciudad que dejé hace tanto, y la que deseaba reaprender ahora, al igual que estaba intentando re-aprehender a mi padre de los montones de trozos de memorias y objetos que dejó atrás.

Az album megtalálása utáni napon jött az ötlet, hogy rajzokat készítsek a berlini metróról, az elhasznált jegyeket használva miniatűr vásznak gyanánt, hogy valahogy lekövessem érzelmes utazásaimat a város alatt, melyet olyan régen elhagytam már, és amit most próbáltam meg újratanulni, ahogyan apámat is, a hátrahagyott emlékek és tárgyak szemétdombján kotorászva.

Mit achtzehn wusste ich, dass ich diese Stadt verlassen und so viele andere Städte wie möglich sehen wollte, das konnte mein Vater lange nicht verstehen.

When I turned eighteen I knew I wanted to leave this city, to see as many other cities as I could, but at first my father didn't understand.

Cuando cumplí dieciocho, supe que quería dejar la ciudad y ver cuantas ciudades pudiera, pero al principio mi padre no lo entendió.

Mikor tizennyolc éves lettem, tudtam, hogy el akarom hagyni ezt a várost, hogy rengeteg más várost is megismerjek, de az apám eleinte nem értette, miért.

Als Kind seines Jahrhunderts vermochte er seine Freiheit zu finden, indem er die meisten der durch die harten Zeiten erzwungenen Einschränkungen notgedrungen akzeptierte und sich dabei einredete, dass er dies aus freiem Willen tat.

Being a child of his century, he managed to find his own liberty by accepting most of the restrictions he had to face during the hard times, and doing this by pretending to himself that it was of his own free will.

Siendo un hijo de este siglo, logró encontrar su propia libertad al aceptar la mayoría de las restricciones a las que se tuvo que enfrentar en los tiempos difíciles, e hizo esto al pretender, ante sí mismo, de que esto era por su propia voluntad.

A saját évszázadának gyermeke volt, aki a szabadságát abban találta meg, hogy látszólag szabad akaratából fogadta el mindazokat a korlátokat, melyeket a nehéz idők húztak fel köré.

Als ich ihm nach dem Fall der Mauer eine Reise nach Moskau anbot, um die prächtigen U-Bahn-Stationen persönlich in Augenschein zu nehmen, winkte er ab.

So when years after the Fall I offered him a trip to visit Moscow and see those palatial metro stations in person, he declined.

Así que cuando años después la Caída le ofreció un viaje a Moscú para ver en vivo y a todo color las estaciones de metro palaciegas, declinó la invitación.

Így aztán, amikor néhány évvel a Fal leomlása után felajánlottam neki, hogy elviszem Moszkvába, hogy a saját szemével láthassa az aranycsempés metróállomásokat, végül nemet mondott.

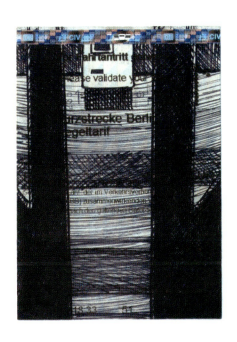

Was mich nicht wirklich überraschte, sondern eher traurig stimmte, denn es zeigte, dass die Mauern im Kopf weit schwerer niederzureißen sind als Barrieren aus Beton und Stahl.

Which actually didn't surprise me, but made me quite sad because it meant that the barriers of the mind are not as easily torn down as those of concrete and steel.

No me sorprendió pero me entristeció, ya que mostraba que las barreras de la mente no se pueden derribar tan fácilmente como las de concreto y acero.

Ami nem igazán lepett meg, csak elszomorított, mert azt jelentette, a fejében emelt falak erősebben tartanak, mint a vasból és betonból felhúzott határsáv.

Nachdem ich Berlin verlassen hatte, um selbst ein Künstler zu werden, bin ich viel gereist, habe viele Städte, Paläste, Opernhäuser, Museen und, natürlich, U-Bahnstationen gesehen und letztere stets mit den Augen meines Vaters wahrgenommen.

After leaving Berlin, on my way to becoming an artist myself, I travelled a lot, saw many cities, many palaces, opera houses, museums, and of course, metro stations, which I always looked at through the eyes of my father.

Tras dejar Berlín, camino a convertirme en artista, viajé mucho, vi muchas ciudades, muchos palacios, casas de ópera, museos, y claro, estaciones de metro, las cuales siempre vi a través de los ojos de mi padre.

Miután elmentem Berlinből, hogy igazi festő lehessen belőlem, rengeteget utaztam, és számtalan várost, palotát, operaházat, múzeumot, meg persze metrómegállót láttam – ez utóbbiakat mindig az apám szemével.

Wenn ich in diesen Jahren, selten genug, nach Hause kam und von meiner Arbeit und meinen Unternehmungen berichtete, wurde mir immer mehr bewusst, dass mein künstlerisches Streben meinem Vater so gut wie verschlossen blieb.

During these years, on the rare occasions I visited home, talking about my work and the things I do, I became more and more aware that it's getting difficult to my father to get a grasp of my artistic endeavours.

Durante estos años, en las raras ocasiones que visitaba el hogar paterno, al hablar de mi trabajo y las cosas que hago, me daba cuenta de la dificultad que le producía a mi padre el aprehender mis esfuerzos artísticos.

Azokban az években, ha egyszer-egyszer hazalátogattam, egyre inkább azt vettem észre, hogy apám csak nehezen tudja követni, miről beszélek, ha a munkámról és festői terveimről esett szó.

Also brachte ich ihn manchmal in Berliner Museen, wo ich ihm die Bilder erklärte. Mit improvisierten Vorträgen, die den ganzen Heimweg über andauerten.

So sometimes I took him to one of the Berlin museums, giving explanations on the pictures, and so on. Often these improvised lectures of mine lasted all the way home.

Así que a veces lo llevaba a alguno de los museos berlineses, le explicaba las pinturas y cosas así. A veces estas lecciones improvisadas duraban todo el camino a casa.

Ezért időnként magammal vittem Berlin egyik-másik múzeumába, és elmagyaráztam neki a képeket és ehhez hasonlókat. Néha ezek a rögtönzött művészettörténet-órák egészen hazáig eltartottak.

So fuhren wir, mein Vater und ich, in der U-Bahn und unterhielten uns im Tonfall über Fleisch- und Kartoffelpreise plaudernder alter Damen über mögliche Querbezüge, unterirdische Entsprechungen und verborgene Zusammenhänge von Mark Rothko und Caspar David Friedrich.

So there we were, me and my father, on the subway talking about the possible passageways, tunnels, and connections between Mark Rothko and Caspar David Friedrich, like old ladies discussing the price of meat and potatoes.

Así que ahí estábamos, mi padre y yo, en el metro, hablando sobre los posibles túneles, pasadizos y conexiones entre Mark Rothko y Caspar David Friedrich, como si fuéramos un par de viejitas que discuten el precio de la carne y las papas en el mercado.

Szóval ott ültünk apámmal ketten a metrón, és arról beszélgettünk, milyen folyosók, alagutak, csatlakozások fedezhetők fel mondjuk Mark Rothko és Caspar David Friedrich között, mintha csak öregasszonyok volnánk, akik a hús és a krumpli áráról vitatkoznak.

Als kleiner Junge hatte ich ihn mir allwissend vorgestellt, weswegen mir die kunstgeschichtlichen Privatvorlesungen für meinen Vater einigermaßen surreal erschienen, aber man weiß ja, wie Söhne sind.

When I was little, I thought he knew everything, so lecturing my father in art history now was nothing short of surreal, but after all, you know how a boy is.

Cuando era pequeño pensaba que lo sabía todo, así que darle lecciones en historia del arte ahora era más que surreal, aunque ya sabes cómo son los niños,

Amikor kicsi voltam, persze azt hittem, apám tudása végtelen, ezért aztán a tanító célzatú kirándulásainkban mindig volt valami valószerűtlen, de végtére is, ez a fiúk sorsa.

Es kommt eine Zeit, wo sie sich lösen müssen, wo sie den seit geraumer Zeit gehegten Verdacht bestätigt sehen, dass der eigene Vater kein Gott ist, nicht einmal ein Orakel. Wo sie erkennen, dass sie das Recht auf diesen Glauben verloren haben. Wo ihnen der Versuch, eine gelungenere Ausgabe des nur menschlichen Vaters zu werden, noch als der beste Ausweg erscheint.

There comes a time for departure, a point where he sees confirmed the suspicion he'd had for some time that his father is not a god, not even an oracle. He sees that he no longer has any right to such faith. So the best he can do is try to become a superior version of his merely human father.

Llega el tiempo de partida, un punto en el que se cofirma aquella sospecha que amaneció tiempo trás de que su padre no es un dios, ni siquiera un oráculo. Ve que ya no tiene derecho a tener ese tipo de fe. Así que lo mejor que puede hacer es intentar volverse una versión superior de su meramente humano padre.

Mindig eljön a pillanat, ahonnan nincs visszatérés, mikor a fiúnak rá kell jönnie: nem volt alaptalan a gyanú, ami benne motoszkált már egy ideje, és az apja tényleg nem isten, de még csak nem is próféta. Érzi, hogy többé már nincs joga ilyet hinni, így aztán a legtöbb, amire törekedhet, az nem más, mint hogy a pusztán emberi apjának valamiféle javított változata lehessen egy napon.

Zumindest ebenso gelungen wie er, nur eben anders.

Or at least just as good as him, only different.

O por lo menos, igual de grandioso que él, pero diferente.

Vagy hogy legalább épp annyira legyen jó, mint ő, csak másképpen.

Selbst hier und heute, wo ich zahlreiche Illusionen preisgegeben habe, glaube ich jedes Mal, wenn ich gedankenverloren irgendwo in eine U-Bahn hinabsteige und mich in den Geisterbahnhöfen des Bewussten verliere, bei irgendjemandem sein Gesicht, seinen Hut oder die Art und Weise, wie er ging, wahrzunehmen.

Even these days, with so many illusions in the dustbin, whenever I go down into a metro anywhere in the world, during my lapses of focus, in the ghost stations of consciousness, I still tend to recognize in someone his face, his hat, or the way he used to walk.

Aún en estos días, cuando tantas ilusiones han terminado en la papelera, cuando desciendo al metro en alguna parte del mundo, durante mis lapsus de enfoque, en las estaciones fantasma de mi conciencia, tiendo a reconocer su cara en alguien, o su sombrero, o tal vez la manera en la que solía caminar.

Még ma is, mikor annyi illúzióval leszámoltam már, akárhányszor lemegyek egy metróba, ha kihagy a figyelmem, a éberség kísértetállomásain áthaladva még mindig fel-felismerem valaki máson az arcát, a kalapját, a járását.

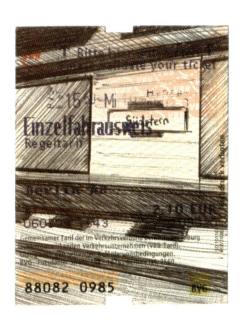

Und als erwachsenem Mann, dem die Absurdität und platte Wirklichkeit unserer modernen Geschichte nur zu vertraut sind, drängt sich mir beim Gedanken daran, wie mein Vater unterwegs zur U-Bahn starb, stets die Vorstellung auf, dass er eigentlich zur verborgenen und gottverlassenen Stadt meiner Kindheitsvorstellungen unterwegs war, in der die Züge der Lebenden niemals anhalten.

And even as a grown man who's very much familiar with the absurdities and flat realities of modern history, when I think of my father dying on his way to the underground, I can't help imagining that he was on his way to that obscure and godforsaken city of my childhood imagination where the trains of the living never stop.

Y aún como adulto, familiar con las absurdidades y aplastadas realidades de la historia moderna, cuando pienso en cómo murió mi padre, de camino al metro, no puedo evitar imaginar que estaba en camino a la ciudad oscura y dejada de la mano de Dios que vivía en la imaginación de mi infancia donde los trenes de los vivos nunca se paran.

És annak ellenére, hogy rég felnőttem már, s nagyon is tisztában vagyok a modern történelem megannyi lapos abszurditásával, mikor arra gondolok, hogy apámat a metró felé menet ütötte el egy autó, nem tudom nem azt hinni, hogy valójában az én gyermekkori képzelgéseim sötét és elhagyott városába tartott, oda, ahol az élők metrói nem állnak meg soha.

Wobei mir eine Bemerkung von ihm einfällt, eine seiner unterirdischen Betrachtungen nach einem seiner ersten U-Bahn-Ausflüge: "Oft wird die U-Bahn wegen offensichtlicher topologischer Ähnlichkeiten mit der Hölle verglichen, aber die Züge, die sich wie verrückte Mäuse in einem Labyrinth durch die Tunnel einer Stadt bewegen, haben eigentlich nichts Infernalisches an sich. Ich würde die U-Bahn eher mit dem Fegefeuer vergleichen. Wo die Leute immer nur warten. Und wenn ihre Zeit vorbei ist, aussteigen, um nach oben ins Helle zu verschwinden."

But thinking of this, I always remember one of his sayings, a subterranean observation he gathered during one of his first underground promenades: "Common people compare the metro to the Inferno, because of obvious topological similarities, but frankly, there is nothing stygian about trains going around the tunnels of the city like those crazy mice in a labyrinth. If I had to choose, I would say that is really rather like the Purgatory. People do nothing there but wait. And when their time is up, they get off and quietly disappear into some kind of upper brightness."

Pero pensar en esto siempre me hace recordar uno de sus dichos, una de las observaciones subterráneas que recogió durante uno de sus primeros paseos bajo tierra: "Las personas normales comparan el metro con el Infierno por las similitudes topográficas obvias, pero francamente no hay nada del Estigio en los trenes que recorren los túneles de la ciudad como locas ratas en un laberinto. Si tuviera que escoger, diría que más bien se parece al Purgatorio. Ahí las personas no hacen otra cosa más que esperar. Y cuando se acaba su tiempo, se bajan y desaparecen silenciosamente hacia algún tipo de luz en la superficie."

Ilyenkor viszont mindig eszembe jut az egyik mondása, egyike azon úti megfigyeléseknek, melyeket a legelső föld alatti sétái során szedett össze: "A metrót általában mindenki a Pokolhoz hasonlítja, a kézenfekvő térbeli hasonlóságok miatt, de az igazat megvallva semmi alvilági nincs ezekben a vonatokban, ahogy a város alagútjaiban rohangálnak össze-vissza, mint az egerek az útvesztőben. Ha választanom kéne, én azt mondanám, hogy mindez inkább olyan, mint a Purgatórium: az emberek semmi mást nem csinálnak ott, csak várnak. Aztán, ha kitelt az idejük, leszállnak, és csendben eltűnnek valami föntről jövő, vakító fényben."

Am Tag, an dem ich nach mehreren Stunden scheinbar zielloser U-Bahn-Fahrten schließlich in der Zinnowitzer Straße ausstieg und endlich bereit war, das, was von ihm auf Erden übriggeblieben war, in Augenschein zu nehmen, hoffte ich, dass mein Vater nicht allzu lange unterwegs sein musste, bis auch er dort angelangt war.

That day, after several hours of seemingly aimless underground travelling, as I got off at Zinnowitzer Straße myself, finally feeling ready to see what's left of him on Earth, I was hoping my father won't have to travel too long before he gets there too.

Ese día, tras muchas horas de travesía subterránea que parecía un sinsentido, cuando me bajé, solo, en la Zinnowitzer Straße finalmente listo para ver qué era lo que quedaba de él en esta tierra, esperaba que mi padre no tuviera que viajar demasiado antes de que también llegara a ese lugar, el de la luz.

Aznap, néhány órai látszólag értelmetlen metrózással a hátam mögött, mikor végül leszálltam a Zinnowitzer utcánál, mert úgy éreztem, készen állok arra, hogy megnézzem apám földi maradványait, azt reméltem, neki sem kell túl sokáig utaznia, mire célhoz ér.

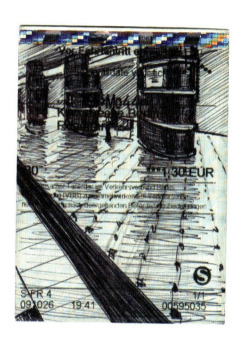

DER BODEN UNTER BERLIN wurde für die Ausstellung "Wiederkehr der Landschaft" an der Akademie der Künste, Berlin, gestaltet. 13. März bis 30. Mai 2010.

IMPRESSUM

DER BODEN UNTER BERLIN © 2010 Mátyás Dunajcsik, Plinio Avila
Gedruckt in Guadalajara, Mexico.
Typographie: Garamond 10 pts.
Auflage: 2000
Design: Plinio Avila
Produktion und Druck: Transicion
ISBN: 978-3-88331-160-9

Mit freundlicher Unterstützung der Akademie der Künste, Berlin, und EDS Gallery, Mexico.

Die Akademie der Künste wird gefördert vom Beauftragten der Bundesregierung für Kultur und Medien aufgrund eines Beschlusses des Deutschen Bundestages.

ÜBERSETZUNGEN

deutsch: Stephan Tree
englisch: Mátyás Dunajcsik
spanisch: Kelly Aronowitz
ungarisch: Mátyás Dunajcsik

Mátyás Dunajcsik - geboren 1983 in Budapest

Dichter, literarischer Übersetzer und Kritiker. Um die Jahrtausendwende begann er zu veröffentlichen; seitdem sind seine Prosa, Lyrik, Übersetzungen und Kritiken in allen führenden ungarischen Literaturzeitschriften erschienen.
Er ist Mitglied des Vereins für junge Autoren "Attila-József-Literaturkreis" (József Attila Kör, JAK) sowie des ungarischen PEN-Clubs.

Preise:
2006 Petőfi-Preis für Lyrik des ungarischen Rundfunks

2008 Bródy-Sándor-Preis für das beste Roman-Debüt
2009 Staatlicher Jugendpreis der Märzrevolutionäre
2009 Stipendium der Akademie der Künste, Berlin

Bücher:
Flughandbuch (Repülési kézikönyv), erschienen 2007 in der Reihe der jungen Autoren der JAK bei L'Harmattan, mit Illustrationen seines Partners Zsolt Korai. Dieses Buch enthält eine Sammlung unterschiedlicher Kurzgeschichten und Gedichte, die sich um das Thema Reisen über Land, auf dem Wasser oder in der Luft drehen. Mit diesem Buch vertrat Dunajcsik Ungarn im Jahr 2008 beim 8. Europäischen Festival des Debütromans im Rahmen der 15. Internationalen Buchmesse in Budapest. Im selben Jahr erhielt er den Bródy-Sándor-Preis für das beste Roman-Debüt.

Übersetzer:
Er übersetzt klassische und zeitgenössische französische und belgische Autoren, wie z.B. die Werke von Charles Baudelaire, Arthur Rimbaud, Marguerite Duras, Maurice Blanchot, William Cliff, Carl Norac, Laurent de Graeve usw. Seine Übersetzung des letzten Romans von Alain Robbe-Grillet, *Un roman sentimental*, erscheint im Frühjahr 2009 bei Magvető. Seit 2005 schreibt er als Kritiker über zeitgenössische ungarische Literatur und veröffentlicht Essays über die Romane von Marcel Proust und Thomas Mann.

Web: www.dunajcsikmatyas.hu
Blog: http://balbecbeach.freeblog.hu

Plinio Avila Marquez - geboren 1977 in Zacatecas, Mexico. - www.plinioavila.com

1997   Ausbildung zum Lithographie-Drucker am Tamarind Institute, Albuquerque, USA.
seit 1999 Gründung und Leitung des Museograbado Printstudio. Mexico
2006   Preisträger am Hoger Instituut voor Schone Kunsten. HISK, Belgien.
seit 2007 Kurator des MUNO (no-museum of contemporary art)
2009   Stipendium Junge Künstler FONCA
2009   Stipendium der Akademie der Künste, Berlin
Lebt und arbeitet in Brüssel, Belgien.

Einzelausstellungen:
the probability of God bei |EDS| GALERIA, Mexiko.
Involution bei Freemen Gallery, Aardenburg, Holland.
Inscapes bei Galerie De Stijl, Heusden-Zolder, Belgien.
Tres Viajes bei IME Madrid, Spanien.
Thirty Pilgrim Notes bei MOBAC Brüssel, Belgien.
Accredo ergo sum Museo 8, Aguascalientes Mex; etc.

Gruppenausstellungen:
Take the Doll, kuratiert von Koen Van Den Broek, Freemen Gallery, Aardenburg, Niederlande.
FEMACO Artfair, kuratiert von Raul Zamudio Taylor. l EDS l Galería, Mexiko.
Croyances Quotidiennes, kuratiert von Bárbara Carroll. Campus Universitaire de Strasbourg, Frankreich.
Curating Contest La Louisiane, kuratiert von Pascale Marthine Tayou. Galerie Olivier Robert. Paris, Frankreich.
My turn, kuratiert von Olga Dávila. Skulpturenprojekt für CECUT, Tijuana. Mexiko.
BARRACK, kuratiert von Roel Arkesteijn. IN&OUT HISK, Antwerpen, Belgien.
Mise en Scène, kuratiert von Ken Pratt. MAMA (Media & Moving Art), Rotterdam, Niederlande.
Dejeuner sur l'Herbe, kuratiert von Stef Van Bellingen, Vlaamse Ardennen. Belgien.
Leere X Vision; conneXions, kuratiert von Maïtè Vissault. Marta-Herforder Radewig, Herford, Deutschland.
Che fare?, Open Studios, HISK. Antwerpen, Belgien.
An Orchestrated reduction, kuratiert von Tanguy Eeckhout & Pieter Matthynssens. Cultuurcentrum de Werft, Schrijnwerkerij. Geel, Belgien.
Introducing..., kuratiert von Krist Gruijthuijsen. IN/OUT Space, HISK. Antwerpen, Belgien.
Salon de Arte Bancomer, kuratiert von Itala Schmeltz und Karen Cordero. Museo de Arte Moderno, Mexiko.